BEI GRIN MACHT SICH IHR
WISSEN BEZAHLT

- Wir veröffentlichen Ihre Hausarbeit,
  Bachelor- und Masterarbeit

- Ihr eigenes eBook und Buch -
  weltweit in allen wichtigen Shops

- Verdienen Sie an jedem Verkauf

Jetzt bei www.GRIN.com hochladen
und kostenlos publizieren

Silvana Lehmann

Hauptsache es ist gesund - Aspekte psychosozialer Beratung und Begleitung von Familien mit einem geistig behinderten Kind

GRIN Verlag

Bibliografische Information der Deutschen Nationalbibliothek:

Die Deutsche Bibliothek verzeichnet diese Publikation in der Deutschen National-
bibliografie; detaillierte bibliografische Daten sind im Internet über http://dnb.d-
nb.de/ abrufbar.

Impressum:

Copyright © 2005 GRIN Verlag GmbH
Druck und Bindung: Books on Demand GmbH, Norderstedt Germany
ISBN: 978-3-638-93017-8

Dieses Buch bei GRIN:

http://www.grin.com/de/e-book/56044/hauptsache-es-ist-gesund-aspekte-psychoso-
zialer-beratung-und-begleitung

Ausarbeitung zum Referat

Empowerment

Seminar:	„Hauptsache es ist gesund" – Aspekte psychosozialer Beratung und Begleitung von Familien mit einem geistig behinderten Kind

Referentin:	Silvana Lehmann

Abgabedatum:	September 2005

Inhalt   **Seite**

1. Einleitung

Als ich den Begriff „Empowerment" zum ersten Mal las, wusste ich nicht recht was ich darunter zu verstehen hatte. Das aus dem Englischen stammende Wort bedeutet ursprünglich ‚Ermächtigung oder Bevollmächtigung', im Bezug auf den Umgang mit Menschen mit einer Behinderung gibt es also vielfältige Anwendungs – und Erklärungsversuche. Bei meinen Recherchen bin ich daher auch auf keine eindeutige Definition gestoßen, sondern habe zahlreiche Definitionsvorschläge gefunden, welche im Folgenden kurz dargestellt werden. Anschließend stelle ich einige Grundaussagen des Empowermentkonzeptes zusammen und gebe einen kurzen Überblick. Um das Prinzip Empowerment auch praktisch darzustellen, gebe ich einen Einblick in den Schulalltag mit dem Empowermentkonzept.

2. Definitionsansätze

Die wörtliche Übersetzung des Begriffs „Empowerment" bedeutet „Bemächtigung". Dieser Begriff bezeichnet Entwicklungsprozesse in der Dimension der Zeit, in deren Verlauf Menschen die Kraft gewinnen, der sie bedürfen, um ein nach eigenen Maßstäben buchstabiertes `besseres Leben` zu leben". (Herriger 1997, S. 11).

Bei der Lektüre zahlreicher Bücher bin ich auf verschiedene Interpretationsansätze des Begriffes ‚Empowerment' gestoßen. Dabei ist sehr auffällig, dass die verschiedenen Autoren sich nie auf eine bestimmte allgemeingültige Definition festgelegt haben. Dies liegt wahrscheinlich zum einen darin, dass jeder das Empowermentkonzept in einem anderen Kontext anwendet, also zum Beispiel in der Schule, in der Werkstatt oder in einem Wohnheim. Zum anderen könnte diese Vielfältigkeit auch darin begründet sein, dass die Umsetzung und Anwendung von „Empowerment" immer individuell auf die jeweilige Person zugeschnitten sein muss und somit keine allgemeingültige Definition dafür existieren kann.

Trotzdem habe ich drei mögliche Definitionsansätze gefunden, die alle drei das Empowermentkonzept gut beschreiben und einen Einblick in die Materie geben.

Empowerment steht für einen Prozess, in dem Betroffene ihre Angelegenheiten selbst in die Hand nehmen, sich dabei ihrer eigenen Fähigkeiten bewusst werden, eigene Kräfte entwickeln und soziale Ressourcen nutzen. Leitperspektive ist die selbstbestimmte Bewältigung und Gestaltung des eigenen Lebens. (THEUNISSEN/PLAUTE, 1995, S. 12)

Empowerment bezieht sich ... auf die Möglichkeiten und Hilfen, die es Individuen oder Gruppen erlauben, Kontrolle über ihr Leben und ihre sozialen Zusammenhänge zu gewinnen, und die sie darin unterstützen, die dazu notwendigen Ressourcen zu beschaffen. (STARK, 1996, 17f)

Empowerment meint alle Möglichkeiten und Hilfen, die es Menschen in einer eher machtlosen Situation ermöglichen, Kontrolle über ihr Leben zu gewinnen, indem sie eigene Stärken im Austausch mit anderen erkennen und sich gegenseitig ermutigen, ihr eigenes Leben und ihre soziale Umwelt zu gestalten. (LEBENSHILFE, 1994, 4 f.).

3. Grundaussagen

Das Empowermentkonzept entstand innerhalb der US – Amerikanischen Bürgerbewegung in den 60er und 70er Jahren. Wie bereits gezeigt wurde, kann der Begriff „Empowerment" mit ‚Prozess' oder ‚Entwicklung' umschrieben werden, dieser kann ‚Prozesse der Selbstbemächtigung' beinhalten. Es steckt die Idee dahinter, dass jeder Mensch oder jede Gruppe ihr Leben in die eigene Hand nehmen soll, mit folgenden Zielen:

- eigene Ressourcen finden und mobilisieren
- Kompetenzen der Selbstgestaltung aufdecken und wieder finden
- Prozess der Gestaltung und Gestaltbarkeit sozialer Lebensräume
- Wachstum persönlicher, kollektiver, emotionaler und kognitiver Kompetenzen
- Transformation einer gegebenen Situation in eine neue Gestalt.

Empowermentprozesse erfordern Gemeinschaft und finden im sozialen Kontext statt, sie erfordern eine besondere Form der Wahrnehmung: das Erkennen eigener und gemeinschaftlicher Stärke. Es sind meist andauernde zielgerichtete Prozesse im Rahmen lokaler Gemeinschaften. Sie haben des Weiteren keine bestimmten Ergebnisse oder die Erreichung von Normen zum Ziel. Insbesondere beinhalten diese Empowermentprozesse wechselseitige Achtung und Fürsorge, kritische Reflexion und Bewusstwerdung der jeweiligen zu bewältigenden Probleme.

Durch Empowerment bekommen die betroffenen Personen oder Personengruppen, das Potential und die Fähigkeit, das eigene Leben und soziale Zusammenhänge gemeinsam zu gestalten.

Der eigentliche Empowermentprozess kann nicht direkt von Fachleitern hergestellt oder bewirkt werden. Die Prozesse des Bewusstwerdens und Umsetzens können lediglich unterstützt stattfinden. Mit den Personen gemeinsam wird auf deren Stärken und Kompetenzen aufgebaut. Hierbei werden die Betroffenen als „Experten" in eigener Sache angesehen.

4. Paradigmenwechsel und Empowerment

Gerade in der letzten Zeit hört und liest man häufig vom so genannten Paradigmenwechsel in der Geistigbehindertenpädagogik. Diese Änderung der Lehrmeinungen bezieht auch Empowerment mit ein.

Lange Zeit hat die Geistigbehindertenpädagogik ihr Hauptaugenmerk „(…) auf die Behinderung und Normabweichung des geschädigten Menschen gerichtet mit dem Ziel der Defizit – Kompensation." (FORNEFELD, 2004, 161). Heute wissen wir jedoch, dass dies allein nicht ausreicht um einen Menschen in seiner Ganzheit und Individualität zu erfassen. Um jemanden ganzheitlich zu verstehen müssen seine sozialen, konzeptionellen und institutionellen Rahmenbedingungen erfasst werden und die Umwelt sollte in gleichem Maße mit einbezogen werden (vgl. FORNEFELD, 2004). Barbara FORNEFELD begründet dies folgendermaßen: „ …, weil erst durch die systemische Betrachtungsweise der Mensch mit geistiger Behinderung in seiner zirkulären Bezogenheit mit der Umwelt erkennbar und die notwendigen Erziehungs-, Bildungs- und Unterstützungsmaßnahmen ableitbar sind." (FORNEFELD, 2004, 162) Diese und weitere Merkmale charakterisieren den Paradigmenwechsel in der Geistigbehindertenpädagogik, welcher in den aktuellen Leitgedanken Normalisierung, Integration, Selbstbestimmung und Empowerment seinen Ausdruck findet (vgl. FORNEFELD, 2004).

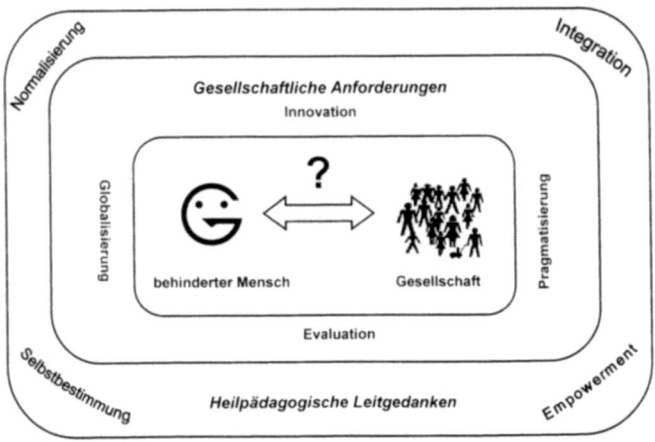

Abb. 1: Die Geistigbehindertenpädagogik im Spannungsfeld gesellschaftlicher Anforderungen und individueller Erfordernisse (FORNEFELD, 2004, 162)

5. Empowerment und Schule

Im diesen Teil meiner Ausarbeitungen möchte ich auf den praktischen Einsatz des Empowermentkonzeptes eingehen, indem ich den Zusammenhang von Empowerment und Schule näher beleuchte. Es ist nämlich sehr wichtig, dass man sich in der Geistigbehindertenpädagogik ebenfalls mit den didaktischen Fragestellungen befasst, wenn man die Empowerment – Idee verfolgen will. (vgl. THEUNISSEN/PLAUTE, 1995)

> Analysen allgemeiner didaktischer Modelle und Konzepte für den Unterricht mit geistig behinderten Schülern lassen erkennen, dass die Konzeption des handlungsorientierten Unterrichts am ehesten selbstbestimmtes Lernen des geistig behinderten Schülers befördern kann.
> (THEUNISSEN/PLAUTE, 1995, 88f.)

Wie fördert man aber ‚selbstbestimmtes Lernen' im Unterricht? Ein Blick auf die vielfältigen didaktischen Möglichkeiten, die dem Lehrer zur Verfügung stehen, lässt den Projektunterricht als die grundlegende Organisationsform des Unterrichts erkennen, welcher als die beste Möglichkeit gesehen wird „(…) handlungsorientiertes Lernen zu realisieren." (THEUNISSEN/PLAUTE, 1995, 89). Hierbei obliegt dem Lehrer aber eine große Verantwortung, denn „(…) das didaktische Handeln des Lehrers [muss] gewährleisten, dass der Schüler in allen Phasen des projekt – bzw. handlungsorientierten Unterrichts selbst Verantwortung für das Lernen übernimmt." (THEUNISSEN/PLAUTE, 1995, 89f.).

Georg THEUNISSEN und Wolfgang PLAUTE mahnen diesbezüglich aber auch, dass es nicht genügt

> (…), dass sich die Geistigbehindertenschule zwar als Handlungs – und Erfahrungsraum begreift, die Handlungen der Schüler zur Aneignung der Welt aber aus individuumszentrierter Sicht auf „begrenzte" Lernvoraussetzungen des geistig behinderten Schülers in relativ stabilen Ablaufmustern verplant. Demgegenüber sollte pädagogisches Handeln nicht nur gewährleisten, dass Handlungssituationen im breiten Spektrum des Lebens angesiedelt werden, sondern dass den Schülern auch die Möglichkeit gegeben wird, die für sich günstigste Variante der Bewältigung herauszufinden.
>
> (THEUNISSEN/PLAUTE, 1995, 90)

Erkennbar ist hier, dass Handlungsorientierung sich gegen die zunehmende ‚Verkopfung' des Unterrichts richtet. Dieser Begriff stammt aus der Reformpädagogik und beschreibt eine Unterrichtsführung, in der die Unterrichtsinhalte überwiegend sprachlich und sachlogisch strukturiert vermittelt werden.

Gerade bei der sozialen Arbeit mit geistig behinderten Kindern und Jugendlichen kommt es auf die Mischung von praktischem und geistigem Tätigsein an. Meist gelingt ihnen die praktische Arbeit besser und führt somit zu dem erwünschten Erfolg (vgl. THEUNISSEN/PLAUTE, 1995). Man darf aber im Unterricht mit geistig behinderten Schülern nie einseitig arbeiten und zum Beispiel die praktische Seite des Unterrichtsgeschehens überbewerten und zu sehr in den Vordergrund stellen. Der Lehrer steht also immer wieder vor der schwierigen Aufgabe die geistigen und praktischen Tätigkeiten so zusammenzuführen, dass die Entwicklung von Handlungskompetenzen im Sinne der Selbstbestimmung möglich ist.

„Handlungsorientierung meint somit nicht Handeln anstelle von Denken / Nachdenken, sondern eine sinnvolle Verknüpfung von beidem." (THEUNISSEN/PLAUTE, 1995, 91f.). Für die Praxis bedeutet dies somit die Verknüpfung von Theorie und Praxis, „(…) die den Lebensbezug konsequent realisiert, indem sie geistig behinderten Schülern hilft, zu einem zielbestimmten Handeln zu finden, das aus dem Zusammenspiel von Wissen und praktischen Erfahrungen resultiert." (THEUNISSEN/PLAUTE, 1995, 91)

Angesichts der Heterogenität der Schülerschaft ist es „(…) schwierig, Lerninhalte für die Unterrichtsarbeit in der Klasse zu fixieren, die den jeweiligen individuellen Lernbedürfnissen entsprechen"(THEUNISSEN/PLAUTE, 1995, 91). Es muss also ein didaktisches Konzept gefunden werden, welches möglichst viele Unterrichtsmethoden beinhaltet, um die Schülerselbstständigkeit und die Selbstbestimmung zu realisieren.

Der handlungsorientierte Ansatz als Grundkonzept für die Unterrichtsarbeit mit geistig behinderten Schülern macht zwingend auf folgendes aufmerksam: Das Unterrichtsmethodische sollte weniger aus der Analyse der individuellen Lernvoraussetzungen heraus konzipiert werden, dafür aber mehr aus dem konkreten Lernverhalten der Schüler in konkreten Lern – und Lebenssituationen. Das bedeutet didaktische Konzeptionen nicht vordergründig für den Schüler mit geistiger Behinderung auszuarbeiten, sondern mit ihm zu gewinnen. (vgl. THEUNISSEN/PLAUTE, 1995)

6. Quellenangaben

FORNEFELD, Barbara: Einführung in die Geistigbehindertenpädagogik. München 2004.

HERRINGER, Norbert: Empowerment in der Sozialen Arbeit. Eine Einführung. Stuttgart 1997.

LEBENSHILFE für geistig Behinderte, Bundesvereinigung (Hrsg.): Empowerment. In: Fachdienst der Lebenshilfe. Marburg 1994, Heft 3, 4-5.

THEUNISSEN, Georg / GARLIPP, Birgit: Kompetente Eltern – Vergessen in der Professionalität der Behindertenarbeit?. In: Behinderte in Familie, Schule und Gesellschaft, 1999, H. 4/5
URL: http://bidok.uibk.ac.at/library/beh4-99-vergessen.html

THEUNISSEN, Georg / PLAUTE, Wolfgang: Empowerment und Heilpädagogik: ein Lehrbuch. Freiburg in Breisgau 1995.

THEUNISSEN, Georg (Hrsg.): Verhaltensauffälligkeiten – Ausdruck von Selbstbestimmung?. Bad Heilbrunn 2001.

STARK, Wolfgang: Empowerment: neue Handlungskompetenzen in der psychosozialen Praxis. Freiburg in Breisgau 1996.